PREFACIO

La colección de guías de conversación para viajar "Todo irá bien" publicada por T&P Books está diseñada para personas que viajan al extranjero para turismo y negocios. Las guías contienen lo más importante - los elementos esenciales para una comunicación básica.Éste es un conjunto de frases imprescindibles para "sobrevivir" mientras está en el extranjero.

Esta guía de conversación le ayudará en la mayoría de los casos donde usted necesite pedir algo, conseguir direcciones, saber cuánto cuesta algo, etc. Puede también resolver situaciones difíciles de la comunicación donde los gestos no pueden ayudar.

Este libro contiene muchas frases que han sido agrupadas según los temas más relevantes.También encontrará un mini diccionario con palabras útiles - números, hora, calendario, colores…

Llévese la guía de conversación "Todo irá bien" en el camino y tendrá una insustituible compañera de viaje que le ayudará a salir de cualquier situación y le enseñará a no temer hablar con extranjeros.

TABLA DE CONTENIDOS

Pronunciación   5
Lista de abreviaturas   7
Guía de conversación Español-Afrikáans   9
Mini Diccionario   73

T&P Books Publishing

Colección de guías de conversación
"¡Todo irá bien!"

T&P Books Publishing

GUÍA DE CONVERSACIÓN
— AFRIKÁANS —

LAS PALABRAS Y LAS FRASES MÁS ÚTILES

Esta Guía de Conversación
contiene las frases y las
preguntas más comunes
necesitadas para una
comunicación básica
con extranjeros

Andrey Taranov

T&P BOOKS

Guía de conversación + diccionario de 250 palabras

Guía de conversación Español-Afrikáans y mini diccionario de 250 palabras

por Andrey Taranov

La colección de guías de conversación para viajar "Todo irá bien" publicada por T&P Books está diseñada para personas que viajan al extranjero para turismo y negocios. Las guías contienen lo más importante - los elementos esenciales para una comunicación básica. Éste es un conjunto de frases imprescindibles para "sobrevivir" mientras está en el extranjero.

También encontrará un mini diccionario con 250 palabras útiles necesarias para la comunicación diaria - los nombres de los meses y de los días de la semana, medidas, miembros de la familia, y más.

T&P Books Publishing
www.tpbooks.com

ISBN: 978-1-78716-583-0

Este libro está disponible en formato electrónico o de E-Book también.
Visite www.tpbooks.com o las librerías electrónicas más destacadas en la Red.

PRONUNCIACIÓN

T&P alfabeto fonético	Ejemplo afrikáans	Ejemplo español
[a]	land	radio
[ā]	straat	contraataque
[æ]	hout	vencer
[o], [ɔ]	Australië	bolsa
[e]	metaal	verano
[ɛ]	aanlê	mes
[ə]	filter	llave
[ɪ]	uur	abismo
[i]	billik	ilegal
[ī]	naïef	rápido
[o]	koppie	bordado
[ø]	akteur	alemán - Hölle
[œ]	fluit	alemán - Hölle
[u]	hulle	mundo
[ʊ]	hout	pulpo
[b]	bakker	en barco
[d]	donder	desierto
[f]	navraag	golf
[g]	burger	jugada
[h]	driehoek	registro
[j]	byvoeg	asiento
[k]	kamera	charco
[l]	loon	lira
[m]	môre	nombre
[n]	neef	sonar
[p]	pyp	precio
[r]	rigting	era, alfombra
[s]	oplos	salva
[t]	lood, tenk	torre
[v]	bewaar	travieso
[w]	oorwinnaar	acuerdo
[z]	zoem	desde
[dʒ]	enjin	jazz
[ʃ]	artisjok	shopping
[ŋ]	kans	manga

5

T&P alfabeto fonético	Ejemplo afrikáans	Ejemplo español
[ʧ]	tjek	mapache
[ʒ]	beige	adyacente
[x]	agent	reloj

LISTA DE ABREVIATURAS

Abreviatura en español

adj	-	adjetivo
adv	-	adverbio
anim.	-	animado
conj	-	conjunción
etc.	-	etcétera
f	-	sustantivo femenino
f pl	-	femenino plural
fam.	-	uso familiar
fem.	-	femenino
form.	-	uso formal
inanim.	-	inanimado
innum.	-	innumerable
m	-	sustantivo masculino
m pl	-	masculino plural
m, f	-	masculino, femenino
masc.	-	masculino
mat	-	matemáticas
mil.	-	militar
num.	-	numerable
p.ej.	-	por ejemplo
pl	-	plural
pron	-	pronombre
sg	-	singular
v aux	-	verbo auxiliar
vi	-	verbo intransitivo
vi, vt	-	verbo intransitivo, verbo transitivo
vr	-	verbo reflexivo
vt	-	verbo transitivo

GUÍA DE CONVERSACIÓN AFRIKÁANS

Esta sección contiene frases importantes que pueden resultar útiles en varias situaciones de la vida real. La Guía le ayudará a pedir direcciones, aclaración sobre precio, comprar billetes, y pedir alimentos en un restaurante

T&P Books Publishing

CONTENIDO DE LA GUÍA DE CONVERSACIÓN

Lo más imprescindible 12
Preguntas 15
Necesidades 16
Preguntar por direcciones 18
Carteles 20
Transporte. Frases generales 22
Comprar billetes 24
Autobús 26
Tren 28
En el tren. Diálogo (Sin billete) 29
Taxi 30
Hotel 32
Restaurante 35
De Compras 37
En la ciudad 39
Dinero 41

Tiempo	43
Saludos. Presentaciones.	45
Despedidas	47
Idioma extranjero	49
Disculpas	50
Acuerdos	51
Rechazo. Expresar duda	52
Expresar gratitud	54
Felicitaciones , Mejores Deseos	55
Socializarse	56
Compartir impresiones. Emociones	59
Problemas, Accidentes	61
Problemas de salud	64
En la farmacia	67
Lo más imprescindible	69

T&P Books Publishing

Lo más imprescindible

Perdone, ...	**Verskoon my, ...** [ferskoən maj, ...]
Hola.	**Hallo.** [hallo.]
Gracias.	**Baie dankie.** [baje danki.]

Sí.	**Ja.** [ja.]
No.	**Nee.** [neə.]
No lo sé.	**Ek weet nie.** [ɛk veet ni.]
¿Dónde?	¿A dónde?	¿Cuándo?	**Waar?	Waarheen?	Wanneer?** [vãr?	vãrheən?	vanneər?]

Necesito ...	**Ek het ... nodig** [ɛk het ... nodəχ]
Quiero ...	**Ek wil ...** [ɛk vil ...]
¿Tiene ...?	**Het u ...?** [het u ...?]
¿Hay ... por aquí?	**Is hier 'n ...?** [is hir ə ...?]
¿Puedo ...?	**Mag ek ...?** [maχ ek ...?]
..., por favor? (petición educada)	**... asseblief** [... asseblif]

Busco ...	**Ek soek ...** [ɛk suk ...]
el servicio	**toilet** [tojlet]
un cajero automático	**OTM** [o·te·em]
una farmacia	**apteek** [apteək]
el hospital	**hospitaal** [hospitãl]

la comisaría	**polisiekantoor** [polisi·kantoər]
el metro	**moltrein** [moltræjn]

un taxi	**taxi** [taksi]
la estación de tren	**stasie** [stasi]

Me llamo …	**My naam is …** [maj nãm is …]
¿Cómo se llama?	**Wat is u naam?** [vat is u nãm?]
¿Puede ayudarme, por favor?	**Kan u my help, asseblief?** [kan u maj hɛlp, asseblif?]
Tengo un problema.	**Ek het 'n probleem.** [ɛk het ə probleəm.]
Me encuentro mal.	**Ek voel nie lekker nie.** [ɛk ful ni lɛkkər ni.]
¡Llame a una ambulancia!	**Bel 'n ambulans!** [bel ə ambulaŋs!]
¿Puedo llamar, por favor?	**Kan ek 'n oproep maak?** [kan ɛk ə oprup mãk?]

Lo siento.	**Jammer.** [jammər.]
De nada.	**Plesier.** [plesir.]

Yo	**Ek, my** [ek, maj]
tú	**jy** [jaj]
él	**hy** [haj]
ella	**sy** [saj]
ellos	**hulle** [hullə]
ellas	**hulle** [hullə]
nosotros /nosotras/	**ons** [ɔŋs]
ustedes, vosotros	**julle** [jullə]
usted	**u** [u]

ENTRADA	**INGANG** [inχaŋ]
SALIDA	**UITGANG** [œitχaŋ]
FUERA DE SERVICIO	**BUITE WERKING** [bœitə verkiŋ]
CERRADO	**GESLUIT** [χeslœit]

ABIERTO

OOP
[oəp]

PARA SEÑORAS

DAMES
[dames]

PARA CABALLEROS

MANS
[maŋs]

Preguntas

¿Dónde?

Waar?
[vãr?]

¿A dónde?

Waarheen?
[vãrheǝn?]

¿De dónde?

Van waar?
[fan vãr?]

¿Por qué?

Waar?
[vãr?]

¿Con que razón?

Waarom?
[vãrom?]

¿Cuándo?

Wanneer?
[vanneǝr?]

¿Cuánto tiempo?

Hoe lank?
[hu lank?]

¿A qué hora?

Hoe laat?
[hu lãt?]

¿Cuánto?

Hoeveel?
[hufeǝl?]

¿Tiene ...?

Het u ...?
[het u ...?]

¿Dónde está ...?

Waar is ...?
[vãr is ...?]

¿Qué hora es?

Hoe laat is dit?
[hu lãt is dit?]

¿Puedo llamar, por favor?

Kan ek 'n oproep maak?
[kan ɛk ǝ oprup mãk?]

¿Quién es?

Wie is daar?
[vi is dãr?]

¿Se puede fumar aquí?

Mag ek hier rook?
[maχ ek hir roǝk?]

¿Puedo ...?

Mag ek ...?
[maχ ek ...?]

Necesidades

Quisiera ...	**Ek sou graag ...** [ɛk sæʊ χrāχ ...]
No quiero ...	**Ek wil nie ...** [ɛk vil ni ...]
Tengo sed.	**Ek is dors.** [ɛk is dors.]
Tengo sueño.	**Ek wil slaap.** [ɛk vil slāp.]
Quiero ...	**Ek wil ...** [ɛk vil ...]
lavarme	**was** [vas]
cepillarme los dientes	**my tande borsel** [maj tandə borsəl]
descansar un momento	**bietjie rus** [biki rus]
cambiarme de ropa	**ander klere aantrek** [andər klerə āntrek]
volver al hotel	**teruggaan hotel toe** [teruχχān hotəl tu]
comprar ...	**... koop** [... koəp]
ir a ...	**gaan na ...** [χān na ...]
visitar ...	**besoek ...** [besuk ...]
quedar con ...	**ontmoet ...** [ontmut ...]
hacer una llamada	**bel** [bəl]
Estoy cansado /cansada/.	**Ek is moeg.** [ɛk is muχ.]
Estamos cansados /cansadas/.	**Ons is moeg.** [ɔŋs is muχ.]
Tengo frío.	**Ek kry koud.** [ɛk kraj kæʊt.]
Tengo calor.	**Ek kry warm.** [ɛk kraj varm.]
Estoy bien.	**Ek is OK.** [ɛk is okej.]

Tengo que hacer una llamada.

Ek moet 'n oproep maak.
[ɛk mut ə oprup mãk.]

Necesito ir al servicio.

Ek moet toilet toe gaan.
[ɛk mut toilet tu χãn.]

Me tengo que ir.

Ek moet loop.
[ɛk mut loəp.]

Me tengo que ir ahora.

Ek moet nou loop.
[ɛk mut næʊ loəp.]

Preguntar por direcciones

Perdone, ...	**Verskoon tog, ...** [ferskoən toχ, ...]
¿Dónde está ...?	**Waar is ...?** [vãr is ...?]
¿Por dónde está ...?	**In watter rigting is ...?** [in vattər riχtiŋ is ...?]
¿Puede ayudarme, por favor?	**Kan u my help, asseblief?** [kan u maj hɛlp, asseblif?]

Busco ...	**Ek soek ...** [ɛk suk ...]
Busco la salida.	**Waar is die uitgang?** [vãr is di œitχaŋ?]
Voy a ...	**Ek gaan na ...** [ɛk χãn na ...]
¿Voy bien por aquí para ...?	**Is dit die regte pad na ...?** [is dit di reχtə pat na ...?]

¿Está lejos?	**Is dit ver?** [is dit fer?]
¿Puedo llegar a pie?	**Kan ek te voet soontoe gaan?** [kan ɛk tə fut soentu χãn?]
¿Puede mostrarme en el mapa?	**Kan u dit op die kaart aanwys?** [kan u dit op di kãrt ãnwajs?]
Por favor muestreme dónde estamos.	**Kan u my aanwys waar ons nou is?** [kan u maj ãnwajs vãr ɔŋs næʊ is?]

Aquí	**Hier** [hir]
Allí	**Daar** [dãr]
Por aquí	**Hiernatoe** [hirnatu]

Gire a la derecha.	**Draai regs.** [drãj reχs.]
Gire a la izquierda.	**Draai links.** [drãj links.]
la primera (segunda, tercera) calle	**eerste (tweede, derde) draai** [eərstə (tweədə, derdə) drãi]
a la derecha	**na regs** [na reχs]

a la izquierda

na links
[na links]

Siga recto.

Gaan reguit vorentoe.
[χān reχœit forentu.]

Carteles

¡BIENVENIDO!	**WELKOM!** [vɛlkom!]
ENTRADA	**INGANG** [inχaŋ]
SALIDA	**UITGANG** [œitχaŋ]

EMPUJAR	**STOOT** [stoət]
TIRAR	**TREK** [trek]
ABIERTO	**OOP** [oəp]
CERRADO	**GESLUIT** [χeslœit]

PARA SEÑORAS	**DAMES** [dames]
PARA CABALLEROS	**MANS (M)** [maŋs]
CABALLEROS	**MANS (M)** [maŋs]
SEÑORAS	**DAMES (V)** [dames]

REBAJAS	**AFSLAG** [afslaχ]
VENTA	**UITVERKOPING** [œitferkopiŋ]
GRATIS	**GRATIS** [χratis]
¡NUEVO!	**NUUT!** [nɪt!]
ATENCIÓN	**PAS OP!** [pas op!]

COMPLETO	**KAMERS BESET** [kamers beset]
RESERVADO	**BESPREEK** [bespreək]
ADMINISTRACIÓN	**ADMINISTRASIE** [administrasi]
SÓLO PERSONAL AUTORIZADO	**SLEGS PERSONEEL** [sleχs personeəl]

CUIDADO CON EL PERRO **PAS OP VIR DIE HOND**
[pas op fir di hont]

NO FUMAR **ROOK VERBODE!**
[roek ferbodə!]

NO TOCAR **NIE AANRAAK NIE!**
[ni ãnrãk ni!]

PELIGROSO **GEVAARLIK**
[xefãrlik]

PELIGRO **GEVAAR**
[xefãr]

ALTA TENSIÓN **HOOGSPANNING**
[hoəx·spaniŋ]

PROHIBIDO BAÑARSE **SWEM VERBODE!**
[swem ferbodə!]

FUERA DE SERVICIO **BUITE GEBRUIK**
[bœitə xebrœik]

INFLAMABLE **BRANDBAAR**
[brantbãr]

PROHIBIDO **VERBODE**
[ferbodə]

PROHIBIDO EL PASO **TOEGANG VERBODE!**
[tuxaŋ ferbodə!]

RECIÉN PINTADO **NAT VERF**
[nat ferf]

CERRADO POR RENOVACIÓN **GESLUIT VIR HERSTELWERK**
[xeslœit fir herstəl·werk]

EN OBRAS **PADWERKE**
[padwerkə]

DESVÍO **OMPAD**
[ompat]

Transporte. Frases generales

el avión	**vliegtuig** [fliχtœiχ]
el tren	**trein** [træjn]
el bus	**bus** [bus]
el ferry	**veerboot** [feər·boət]
el taxi	**taxi** [taksi]
el coche	**motor** [motor]

el horario	**diensrooster** [diŋs·roəstər]
¿Dónde puedo ver el horario?	**Waar is die diensrooster?** [vãr is di diŋs·roəster?]
días laborables	**werksdae** [verksdaə]
fines de semana	**naweke** [navekə]
días festivos	**vakansies** [fakaŋsis]

SALIDA	**VERTREK** [fertrek]
LLEGADA	**AANKOMS** [ãnkoms]
RETRASADO	**VERTRAAG** [fertrãχ]
CANCELADO	**GEKANSELLEER** [χekaŋsɛlleər]

siguiente (tren, etc.)	**volgende** [folχendə]
primero	**eerste** [eərstə]
último	**laaste** [lãstə]

¿Cuándo pasa el siguiente ...?	**Wanneer vertrek die volgende ...?** [vanneər fertrek di folχendə ...?]
¿Cuándo pasa el primer ...?	**Wanneer vertrek die eerste ...?** [vanneər fertrek di eərstə ...?]

¿Cuándo pasa el último …?	**Wanneer vertrek die laaste …?** [vanneər fertrek di lãstə …?]
el trasbordo (cambio de trenes, etc.)	**aansluiting** [ãŋslœitiŋ]
hacer un trasbordo	**oorstap** [oərstap]
¿Tengo que hacer un trasbordo?	**Moet ek oorstap?** [mut ek oərstap?]

Comprar billetes

¿Dónde puedo comprar un billete?

Waar kan ek kaartjies koop?
[vãr kan ɛk kãrkis koəp?]

el billete

kaartjie
[kãrki]

comprar un billete

'n kaartjie koop
[ə kãrki koəp]

precio del billete

kaartjie se prys
[kãrki sə prajs]

¿Para dónde?

Waarheen?
[vãrheən?]

¿A qué estación?

Na watter stasie?
[na vattər stasi?]

Necesito ...

Ek het ... nodig
[ɛk het ... nodəχ]

un billete

'n kaartjie
[ə kãrki]

dos billetes

twee kaartjies
[tweə kãrkis]

tres billetes

drie kaartjies
[dri kãrkis]

sólo ida

enkel
[ɛnkəl]

ida y vuelta

retoer
[retur]

en primera (primera clase)

eerste klas
[eərstə klas]

en segunda (segunda clase)

tweede klas
[tweədə klas]

hoy

vandag
[fandaχ]

mañana

môre
[mɔrə]

pasado mañana

oormôre
[oərmɔrə]

por la mañana

soggens
[soχɛŋs]

por la tarde

smiddags
[smiddaχs]

por la noche

saans
[sãŋs]

asiento de pasillo

sitplek langs die paadjie
[sitplek laŋs di pādʒi]

asiento de ventanilla

venstersitplek
[fɛŋstər·sitplek]

¿Cuánto cuesta?

Hoeveel?
[hufeəl?]

¿Puedo pagar con tarjeta?

Kan ek met 'n kredietkaart betaal?
[kan ɛk met ə kreditkārt betāl?]

Autobús

el autobús	**bus** [bus]
el autobús interurbano	**interstedelike bus** [interstedelikə bus]
la parada de autobús	**bushalte** [bus·haltə]
¿Dónde está la parada de autobuses más cercana?	**Waar is die naaste bushalte?** [vãr is di nãstə bus·haltə?]
número	**nommer** [nommər]
¿Qué autobús tengo que tomar para ...?	**Watter bus moet ek neem om na ... te gaan?** [vattər bus mut ɛk neəm om na ... tə χãn?]
¿Este autobús va a ...?	**Gaan hierdie bus na ...?** [χãn hirdi bus na ...?]
¿Cada cuanto pasa el autobús?	**Hoe gereëld ry die busse?** [hu χereɛlt raj di bussə?]
cada 15 minutos	**elke 15 minute** [ɛlkə fajftin minutə]
cada media hora	**elke half uur** [ɛlkə half ɪr]
cada hora	**elke uur** [ɛlkə ɪr]
varias veces al día	**verskillende kere per dag** [ferskillendə kerə pər daχ]
... veces al día	**... kere per dag** [... kerə pər daχ]
el horario	**diensrooster** [diŋs·roəstər]
¿Dónde puedo ver el horario?	**Waar is die diensrooster?** [vãr is di diŋs·roəster?]
¿Cuándo pasa el siguiente autobús?	**Wanneer vertrek die volgende bus?** [vanneər fertrek di folχendə bus?]
¿Cuándo pasa el primer autobús?	**Wanneer vertrek die eerste bus?** [vanneər fertrek di eərstə bus?]
¿Cuándo pasa el último autobús?	**Wanneer vertrek die laaste bus?** [vanneər fertrek di lãstə bus?]
la parada	**halte** [haltə]

la siguiente parada

volgende halte
[folχendə haltə]

la última parada

eindpunt
[æjnd·punt]

Pare aquí, por favor.

Stop hier, asseblief.
[stop hir, asseblif.]

Perdone, esta es mi parada.

Verskoon my, dis my halte.
[ferskoən maj, dis maj halte.]

Tren

el tren	**trein** [træjn]
el tren de cercanías	**voorstedelike trein** [fœrstedelikə træjn]
el tren de larga distancia	**langafstand trein** [lanχ·afstant træjn]
la estación de tren	**stasie** [stasi]
Perdone, ¿dónde está la salida al anden?	**Verskoon my, waar is die uitgang na die perron?** [fɛrskoən maj, vār is di œitχaŋ na di pɛrron?]

¿Este tren va a ...?	**Gaan hierdie trein na ...?** [χān hirdi træjn na ...?]
el siguiente tren	**volgende trein** [folχendə træjn]
¿Cuándo pasa el siguiente tren?	**Wanneer vertrek die volgende trein?** [vanneər fertrek di folχendə træjn?]
¿Dónde puedo ver el horario?	**Waar is die diensrooster?** [vār is di diŋs·roøster?]
¿De qué andén?	**Van watter perron?** [fan vattər pɛrron?]
¿Cuándo llega el tren a ...?	**Wanneer kom die trein aan in ...?** [vanneər kom di træjn ān in ...?]

Ayudeme, por favor.	**Help my, asseblief.** [hɛlp maj, asseblif.]
Busco mi asiento.	**Ek soek my sitplek.** [ɛk suk maj sitplek.]
Buscamos nuestros asientos.	**Ons soek ons sitplek.** [oŋs suk oŋs sitplek.]
Mi asiento está ocupado.	**My sitplek is beset.** [maj sitplek is beset.]
Nuestros asientos están ocupados.	**Ons sitplekke is beset.** [oŋs sitplekkə is beset.]

Perdone, pero ese es mi asiento.	**Jammer, dis my sitplek.** [jammər, dis maj sitplek.]
¿Está libre?	**Is hierdie sitplek beset?** [is hirdi sitplek beset?]
¿Puedo sentarme aquí?	**Kan ek hier sit?** [kan ek hir sit?]

En el tren. Diálogo (Sin billete)

Su billete, por favor.

Kaartjie, asseblief.
[kãrki, asseblif.]

No tengo billete.

Ek het nie 'n kaartjie nie.
[ɛk het nie ə kãrki ni.]

He perdido mi billete.

Ek het my kaartjie verloor.
[ɛk het maj kãrki ferloər.]

He olvidado mi billete en casa.

Ek het my kaartjie by die huis vergeet.
[ɛk het maj kãrki baj di hœis ferχeət.]

Le puedo vender un billete.

U kan 'n kaartjie van my koop.
[u kan ə kãrki fan maj koəp.]

También deberá pagar una multa.

U moet 'n boete betaal.
[u mut ə butə betãl.]

Vale.

Oukei.
[æʊkæj.]

¿A dónde va usted?

Waarheen gaan u?
[vãrheən χãn u?]

Voy a ...

Ek gaan na ...
[ɛk χãn na ...]

¿Cuánto es? No lo entiendo.

Hoeveel kos dit? Ek verstaan dit nie.
[hufeəl kos dit? ek ferstãn dit ni.]

Escríbalo, por favor.

Skryf dit neer, asseblief.
[skrajf dit neər, asseblif.]

Vale. ¿Puedo pagar con tarjeta?

OK. Kan ek met 'n kredietkaart betaal?
[okej. kan ɛk met ə kreditkãrt betãl?]

Sí, puede.

Ja, dit kan.
[ja, dit kan.]

Aquí está su recibo.

Hier is u ontvangsbewys.
[hir is u ontfaŋs·bevajs.]

Disculpe por la multa.

Jammer vir die boete.
[jammər fir di bute.]

No pasa nada. Fue culpa mía.

Dis oukei. Dit was my skuld.
[dis æʊkæj. dit vas maj skult.]

Disfrute su viaje.

Geniet u reis.
[χenit u ræjs.]

Taxi

taxi	**taxi** [taksi]
taxista	**taxibestuurder** [taksi·bestɪrdər]
coger un taxi	**'n taxi neem** [ə taksi neəm]
parada de taxis	**taxistaanplek** [taksi·stānplek]
¿Dónde puedo coger un taxi?	**Waar kan ek 'n taxi neem?** [vãr kan ɛk ə taksi neəm?]
llamar a un taxi	**'n taxi bel** [ə taksi bəl]
Necesito un taxi.	**Ek het 'n taxi nodig.** [ɛk het ə taksi nodəχ.]
Ahora mismo.	**Nou onmiddellik.** [næʊ onmiddɛllik.]
¿Cuál es su dirección?	**Wat is u adres?** [vat is u adres?]
Mi dirección es ...	**My adres is ...** [maj adres is ...]
¿Cuál es el destino?	**U bestemming?** [u bestɛmmiŋ?]
Perdone, ...	**Verskoon tog, ...** [ferskoən toχ, ...]
¿Está libre?	**Is u vry?** [is u fraj?]
¿Cuánto cuesta ir a ...?	**Hoeveel kos dit na ...?** [hufeəl kos dit na ...?]
¿Sabe usted dónde está?	**Weet u waar dit is?** [veət u vãr dit is?]
Al aeropuerto, por favor.	**Lughawe, asseblief** [luχhavə, asseblif]
Pare aquí, por favor.	**Stop hier, asseblief.** [stop hir, asseblif.]
No es aquí.	**Dis nie hier nie.** [dis ni hir ni.]
La dirección no es correcta.	**Dis die verkeerde adres.** [dis di ferkeərdə adres.]
Gire a la izquierda.	**Draai links.** [drãj links.]
Gire a la derecha.	**Draai regs.** [drãj reχs.]

¿Cuánto le debo?

Wat skuld ek u?
[vat skult ek u?]

¿Me da un recibo, por favor?

Kan ek 'n ontvangsbewys kry, asseblief?
[kan ek ə ontfaŋs·bevajs kraj, asseblif?]

Quédese con el cambio.

Hou die kleingeld.
[hæʊ di klæjɳ·χɛlt.]

Espéreme, por favor.

Sal u vir my wag, asseblief?
[sal u fir maj vaχ, asseblif?]

cinco minutos

vyf minute
[fajf minutə]

diez minutos

tien minute
[tin minutə]

quince minutos

vyftien minute
[fajftin minutə]

veinte minutos

twintig minute
[twintəχ minutə]

media hora

'n halfuur
[ə halfɪr]

Hotel

Hola.	**Hallo.** [hallo.]
Me llamo …	**My naam is …** [maj nām is …]
Tengo una reserva.	**Ek het bespreek.** [ɛk het bespreǝk.]
Necesito …	**Ek het … nodig** [ɛk het … nodǝχ]
una habitación individual	**'n enkelkamer** [ǝ ɛnkǝl·kamǝr]
una habitación doble	**'n dubbelkamer** [ǝ dubbǝl·kamǝr]
¿Cuánto cuesta?	**Hoeveel kos dit?** [hufeǝl kos dit?]
Es un poco caro.	**Dis nogal duur.** [dis noχal dɪr.]
¿Tiene alguna más?	**Is daar nie ander moontlikhede nie?** [is dār ni andǝr moentlikhedǝ ni?]
Me quedo.	**Ek vat dit.** [ɛk fat dit.]
Pagaré en efectivo.	**Ek betaal kontant.** [ɛk betāl kontant.]
Tengo un problema.	**Ek het 'n probleem.** [ɛk het ǝ probleǝm.]
Mi … no funciona.	**My … is stukkend.** [maj … is stukkent.]
Mi … está fuera de servicio.	**My … is buite werking.** [maj … is bœitǝ verkiŋ.]
televisión	**TV** [te·fe]
aire acondicionado	**lugreëling** [luχreɛliŋ]
grifo	**kraan** [krān]
ducha	**stortbad** [stortbat]
lavabo	**wasbak** [vasbak]
caja fuerte	**brandkas** [brant·kas]

cerradura	**deur se slot** [døər sə slot]
enchufe	**stopkontak** [stop·kontak]
secador de pelo	**haardroër** [hãr·droɛr]

No tengo …	**Ek het nie …** [ɛk het ni …]
agua	**water** [vatər]
luz	**lig** [liχ]
electricidad	**krag** [kraχ]

¿Me puede dar …?	**Kan u vir my … gee?** [kan u fir maj … χeə?]
una toalla	**'n handdoek** [ə handduk]
una sábana	**'n kombers** [ə kombərs]
unas chanclas	**pantoffels** [pantoffəls]
un albornoz	**'n kamerjas** [ə kamerjas]
un champú	**sjampoe** [ʃampu]
jabón	**seep** [seəp]

Quisiera cambiar de habitación.	**Ek wil van kamer verander.** [ɛk vil van kamər verandər.]
No puedo encontrar mi llave.	**Ek kan my sleutel nie vind nie.** [ɛk kan maj sløətəl ni fint ni.]
Por favor abra mi habitación.	**Kan u my kamer oopsluit, asseblief?** [kan u maj kamər oəpslœit, asseblif?]
¿Quién es?	**Wie is daar?** [vi is dãr?]
¡Entre!	**Kom binne!** [kom binnə!]
¡Un momento!	**'n Oomblik!** [ə oəmblik!]
Ahora no, por favor.	**Nie nou nie, asseblief.** [ni næʊ ni, asseblif.]

Venga a mi habitación, por favor.	**Kom na my kamer, asseblief.** [kom na maj kamər, asseblif.]
Quisiera hacer un pedido.	**Kan ek kamerbediening kry.** [kan ɛk kamər·bediniŋ kraj.]
Mi número de habitación es …	**My kamer se nommer is …** [maj kamər sə nommər is …]

Me voy …	**Ek vertrek …** [ɛk fertrək …]
Nos vamos …	**Ons vertrek …** [ɔŋs fertrek …]
Ahora mismo	**nou dadellik** [næʊ dadɛllik]
esta tarde	**vanmiddag** [fanmiddaχ]
esta noche	**vanaand** [fanãnt]
mañana	**môre** [mɔrə]
mañana por la mañana	**môreoggend** [mɔrə·oχent]
mañana por la noche	**môremiddag** [mɔrə·middaχ]
pasado mañana	**oormôre** [oərmɔrə]

Quisiera pagar la cuenta.	**Ek wil betaal.** [ɛk vil betãl.]
Todo ha estado estupendo.	**Alles was uitstekend.** [alles vas œitstekent.]
¿Dónde puedo coger un taxi?	**Waar kan ek 'n taxi kry?** [vãr kan ɛk ə taksi kraj?]
¿Puede llamarme un taxi, por favor?	**Sal u 'n taxi vir my bestel, asseblief.** [sal u ə taksi fir maj bestel, asseblif.]

Restaurante

¿Puedo ver el menú, por favor?	**Kan ek die spyskaart sien, asseblief?** [kan ɛk di spajskãrt sin, asseblif?]
Mesa para uno.	**'n Tafel vir een persoon.** [ə tafəl fir een persoən.]
Somos dos (tres, cuatro).	**Daar is twee (drie, vier) van ons.** [dãr is tweə (dri, fir) fan ɔŋs.]

Para fumadores	**Rook.** [roək.]
Para no fumadores	**Rook verbode.** [roək ferbodə.]
¡Por favor! (llamar al camarero)	**Hallo! Verskoning!** [hallo! ferskoniŋ!]
la carta	**spyskaart** [spajskãrt]
la carta de vinos	**wynkaart** [vajn·kãrt]
La carta, por favor.	**Die spyskaart, asseblief.** [di spajskãrt, asseblif.]

¿Está listo para pedir?	**Is u gereed om te bestel?** [is u χereət om tə bestel?]
¿Qué quieren pedir?	**Wat verkies u?** [vat ferkis u?]
Yo quiero …	**Ek wil … hê** [ɛk vil … hɛ:]

Soy vegetariano.	**Ek is vegetariër** [ɛk is feχetariɛr]
carne	**vleis** [flæjs]
pescado	**vis** [fis]
verduras	**groente** [χruntə]
¿Tiene platos para vegetarianos?	**Het u vegetariese geregte?** [het u feχetarisə χereχtə?]
No como cerdo.	**Ek eet nie varkvleis nie.** [ɛk eət ni fark·flæjs ni.]
Él /Ella/ no come carne.	**Hy /sy/ eet nie vleis nie.** [haj /saj/ eət ni flæjs ni.]
Soy alérgico a …	**Ek is allergies vir …** [ɛk is allerχis fir …]

¿Me puede traer ..., por favor?

Bring vir my ..., asseblief
[briŋ fir maj ..., asseblif]

sal | pimienta | azúcar

sout | peper | suiker
[sæʊt | pepər | sœikər]

café | té | postre

koffie | tee | nagereg
[koffi | teə | naχerəχ]

agua | con gas | sin gas

water | bruisend | plat
[vatər | brœisent | plat]

una cuchara | un tenedor | un cuchillo

'n lepel | vurk | mes
[ə lepəl | furk | mes]

un plato | una servilleta

'n bord | servet
[ə bort | serfet]

¡Buen provecho!

Smaaklike ete!
[smāklikə ete!]

Uno más, por favor.

Nog een, asseblief.
[noχ eən, asseblif.]

Estaba delicioso.

Dit was heerlik.
[dit vas heərlik.]

---

la cuenta | el cambio | la propina

rekening | wisselgeld | fooitjie
[rekəniŋ | vissəlχɛlt | fojki]

La cuenta, por favor.

Die rekening, asseblief.
[di rekəniŋ, asseblif.]

¿Puedo pagar con tarjeta?

Kan ek met 'n kredietkaart betaal?
[kan ɛk met ə kreditkārt betāl?]

Perdone, aquí hay un error.

Jammer, hier is 'n fout.
[jammər, hir is ə fæʊt.]

De Compras

¿Puedo ayudarle?	**Kan ek help?** [kan ek hɛlp?]
¿Tiene ...?	**Het u ...?** [het u ...?]
Busco ...	**Ek soek ...** [ɛk suk ...]
Necesito ...	**Ek het ... nodig** [ɛk het ... nodəχ]

Sólo estoy mirando.	**Ek kyk net.** [ɛk kajk net.]
Sólo estamos mirando.	**Ons kyk net.** [ɔŋs kajk net.]
Volveré más tarde.	**Ek kom netnou terug.** [ɛk kom netnæu teruχ.]
Volveremos más tarde.	**Ons kom netnou terug.** [ɔŋs kom netnæu teruχ.]
descuentos | oferta	**afslag | uitverkoping** [afslaχ | œitferkopiŋ]

Por favor, enséñeme ...	**Kan u my ... wys, asseblief?** [kan u maj ... vajs, asseblif?]
¿Me puede dar ..., por favor?	**Kan u my ... gee, asseblief?** [kan u maj ... χeə, asseblif?]
¿Puedo probarmelo?	**Kan ek dit aanpas?** [kan ɛk dit ānpas?]
Perdone, ¿dónde están los probadores?	**Verskoon tog, waar is die paskamer?** [ferskoən toχ, vār is di paskamer?]
¿Qué color le gustaría?	**Watter kleur wil u hê?** [vattər kløər vil u hɛ:?]
la talla | el largo	**maat | lengte** [māt | leŋtə]
¿Cómo le queda? (¿Está bien?)	**Pas dit?** [pas dit?]

¿Cuánto cuesta esto?	**Hoeveel kos dit?** [hufeəl kos dit?]
Es muy caro.	**Dis te duur** [dis tə dɪr]
Me lo llevo.	**Ek sal dit vat.** [ɛk sal dit fat.]
Perdone, ¿dónde está la caja?	**Verskoon tog, waar moet ek betaal?** [ferskoən toχ, vār mut ek betāl?]

¿Pagará en efectivo o con tarjeta?

Betaal u kontant of met 'n kredietkaart?
[betal u kontant of met ə kreditkārt?]

en efectivo | con tarjeta

kontant | met 'n kredietkaart
[kontant | met ə kreditkārt]

¿Quiere el recibo?

Wil u 'n ontvangsbewys?
[vil u ə ontfaŋsbevajs?]

Sí, por favor.

Ja, asseblief.
[ja, asseblif.]

No, gracias.

Nee, dis nie nodig nie.
[neə, dis ni nodəχ ni.]

Gracias. ¡Que tenga un buen día!

Dankie. Geniet die res van die dag!
[danki. χenit di res fan di daχ!]

En la ciudad

Perdone, por favor.	**Verskoon tog, asseblief.** [ferskoən toχ, asseblif.]
Busco ...	**Ek soek ...** [εk suk ...]
el metro	**die moltrein** [di moltræjn]
mi hotel	**my hotel** [maj hotəl]
el cine	**die bioskoop** [di bioskoəp]
una parada de taxis	**'n taxistaanplek** [ə taksi·stānplek]
un cajero automático	**'n OTM** [ə o·te·em]
una oficina de cambio	**'n wisselkantoor** [ə vissəl·kantoər]
un cibercafé	**'n internetkafee** [ə internet·kafeə]
la calle ...	**... straat** [... strāt]
este lugar	**hierdie plek** [hirdi plek]
¿Sabe usted dónde está ...?	**Weet u waar ... is?** [veət u vār ... is?]
¿Cómo se llama esta calle?	**Watter straat is dit?** [vattər strāt is dit?]
Muestreme dónde estamos ahora.	**Kan u my aanwys waar ons nou is?** [kan u maj ānwajs vār ɔŋs næʊ is?]
¿Puedo llegar a pie?	**Kan ek soontoe stap?** [kan ek soentu stap?]
¿Tiene un mapa de la ciudad?	**Het u 'n kaart van die stad?** [het u ə kārt fan di stat?]
¿Cuánto cuesta la entrada?	**Hoeveel kos 'n toegangskaartjie?** [hufeəl kos ə tuχaŋs·kārki?]
¿Se pueden hacer fotos aquí?	**Kan ek hier foto's maak?** [kan εk hir fotos māk?]
¿Está abierto?	**Is u oop?** [is u oəp?]

¿A qué hora abren? **Hoe laat gaan u oop?**
[hu lãt χān u oəp?]

¿A qué hora cierran? **Hoe laat sluit u?**
[hu lãt slœit u?]

Dinero

dinero	**geld** [χɛlt]
efectivo	**kontant** [kontant]
billetes	**bankbiljette** [bank·biljɛttə]
monedas	**kleingeld** [klæjn·χɛlt]
la cuenta | el cambio | la propina	**rekening | wisselgeld | fooitjie** [rekəniŋ | vissəlχɛlt | fojki]

la tarjeta de crédito	**kredietkaart** [kreditkãrt]
la cartera	**beursie** [bøərsi]
comprar	**koop** [koəp]
pagar	**betaal** [betãl]
la multa	**boete** [butə]
gratis	**gratis** [χratis]

¿Dónde puedo comprar …?	**Waar kan ek … koop?** [vãr kan ɛk … koəp?]
¿Está el banco abierto ahora?	**Is die bank nou oop?** [is di bank næʊ oəp?]
¿A qué hora abre?	**Wanneer maak dit oop?** [vanneər mãk dit oəp?]
¿A qué hora cierra?	**Wanneer maak dit toe?** [vanneər mãk dit tu?]

¿Cuánto cuesta?	**Hoeveel?** [hufeəl?]
¿Cuánto cuesta esto?	**Hoeveel kos dit?** [hufeəl kos dit?]
Es muy caro.	**Dis te duur.** [dis tə dɪr.]

Perdone, ¿dónde está la caja?	**Verskoon tog, waar moet ek betaal?** [ferskoən toχ, vãr mut ek betãl?]
La cuenta, por favor.	**Die rekening, asseblief.** [di rekəniŋ, asseblif.]

¿Puedo pagar con tarjeta?	**Kan ek met 'n kredietkaart betaal?** [kan ɛk met ə kreditkãrt betãl?]
¿Hay un cajero por aquí?	**Verskoon tog, is hier 'n OTM?** [ferskoən toχ, is hir ə o·te·em?]
Busco un cajero automático.	**Ek soek 'n OTM.** [ɛk suk ə o·te·em.]

Busco una oficina de cambio.	**Ek soek 'n wisselkantoor.** [ɛk suk ə vissəl·kantoər.]
Quisiera cambiar ...	**Ek sou ... wou wissel.** [ɛk sæʋ ... væʋ vissəl.]
¿Cuál es el tipo de cambio?	**Wat is die wisselkoers?** [vat is di vissəlkurs?]
¿Necesita mi pasaporte?	**Het u my paspoort nodig?** [het u maj paspoərt nodəχ?]

Tiempo

¿Qué hora es?
Hoe laat is dit?
[hu lãt is dit?]

¿Cuándo?
Wanneer?
[vanneǝr?]

¿A qué hora?
Hoe laat?
[hu lãt?]

ahora | luego | después de ...
nou | later | na ...
[næʊ | latǝr | na ...]

---

la una
een uur
[eǝn ɪr]

la una y cuarto
kwart oor een
[kwart oǝr eǝn]

la una y medio
half twee
[half tweǝ]

las dos menos cuarto
kwart voor twee
[kwart foǝr tweǝ]

---

una | dos | tres
een | twee | drie
[eǝn | tweǝ | dri]

cuatro | cinco | seis
vier | vyf | ses
[fir | fajf | ses]

siete | ocho | nueve
sewe | ag | nege
[sevǝ | aχ | neχǝ]

diez | once | doce
tien | elf | twaalf
[tin | ɛlf | twãlf]

---

en ...
binne ...
[binnǝ ...]

cinco minutos
vyf minute
[fajf minutǝ]

diez minutos
tien minute
[tin minutǝ]

quince minutos
vyftien minute
[fajftin minutǝ]

veinte minutos
twintig minute
[twintǝχ minutǝ]

---

media hora
'n halfuur
[ǝ halfɪr]

una hora
'n uur
[ǝ ɪr]

por la mañana
soggens
[soχɛŋs]

---

por la mañana temprano	**soggens vroeg** [soχɛŋs fruχ]
esta mañana	**vanoggend** [fanoχent]
mañana por la mañana	**môreoggend** [mɔrə·oχent]

al mediodía	**in die middel van die dag** [in di middəl fan di daχ]
por la tarde	**smiddags** [smiddaχs]
por la noche	**saans** [sãŋs]
esta noche	**vanaand** [fanãnt]

por la noche	**saans** [sãŋs]
ayer	**gister** [χistər]
hoy	**vandag** [fandaχ]
mañana	**môre** [mɔrə]
pasado mañana	**oormôre** [oərmɔrə]

¿Qué día es hoy?	**Watter dag is dit vandag?** [vattər daχ is dit fandaχ?]
Es ...	**Dit is ...** [dit is ...]
lunes	**maandag** [mãndaχ]
martes	**dinsdag** [dinsdaχ]
miércoles	**woensdag** [voɛŋsdaχ]

jueves	**Donderdag** [dondərdaχ]
viernes	**vrydag** [frajdaχ]
sábado	**saterdag** [satərdaχ]
domingo	**sondag** [sondaχ]

Saludos. Presentaciones.

Hola.	**Hallo.** [hallo.]
Encantado /Encantada/ de conocerle.	**Aangename kennis.** [ãnχənamə kɛnnis.]
Yo también.	**Dieselfde.** [disɛlfdə.]
Le presento a …	**Kan ek jou voorstel aan …** [kan ɛk jæʊ foərstəl ãn …]
Encantado.	**Aangename kennis.** [ãnχənamə kɛnnis.]

¿Cómo está?	**Hoe gaan dit?** [hu χãn dit?]
Me llamo …	**My naam is …** [maj nãm is …]
Se llama …	**Dis …** [dis …]
Se llama …	**Dis …** [dis …]
¿Cómo se llama (usted)?	**Wat is u naam?** [vat is u nãm?]
¿Cómo se llama (él)?	**Wat is sy naam?** [vat is saj nãm?]
¿Cómo se llama (ella)?	**Wat is haar naam?** [vat is hãr nãm?]

¿Cuál es su apellido?	**Wat is u van?** [vat is u fan?]
Puede llamarme …	**Noem my maar …** [num maj mãr …]
¿De dónde es usted?	**Vanwaar kom u?** [fanwãr kom u?]
Yo soy de ….	**Ek kom van …** [ɛk kom fan …]
¿A qué se dedica?	**Wat is u beroep?** [vat is u berup?]
¿Quién es?	**Wie is dit?** [vi is dit?]
¿Quién es él?	**Wie is hy?** [vi is haj?]
¿Quién es ella?	**Wie is sy?** [vi is saj?]
¿Quiénes son?	**Wie is hulle?** [vi is hullə?]

Este es …	**Dit is …** [dit is …]
mi amigo	**my vriend** [maj frint]
mi amiga	**my vriendin** [maj frindin]
mi marido	**my man** [maj man]
mi mujer	**my vrou** [maj fræʊ]
mi padre	**my vader** [maj fadər]
mi madre	**my moeder** [maj mudər]
mi hermano	**my broer** [maj brur]
mi hijo	**my seun** [maj søən]
mi hija	**my dogter** [maj doχtər]
Este es nuestro hijo.	**Dit is ons seun.** [dit is ɔŋs søən.]
Esta es nuestra hija.	**Dit is ons dogter.** [dit is ɔŋs doχter.]
Estos son mis hijos.	**Dit is my kinders.** [dit is maj kindərs.]
Estos son nuestros hijos.	**Dit is ons kinders.** [dit is ɔŋs kindərs.]

Despedidas

¡Adiós!	**Totsiens!** [totsiŋs!]
¡Chau!	**Koebaai!** [kubãi!]
Hasta mañana.	**Sien jou môre.** [sin jæʋ mɔrə.]
Hasta pronto.	**Totsiens.** [totsiŋs.]
Te veo a las siete.	**Sien jou om sewe uur.** [sin jæʋ om sevə ɪr.]

¡Que se diviertan!	**Geniet dit!** [χenit dit!]
Hablamos más tarde.	**Gesels later.** [χesɛls latər.]
Que tengas un buen fin de semana.	**Geniet die naweek.** [χenit di naveək.]
Buenas noches.	**Lekker slaap.** [lɛkkər slãp.]

Es hora de irme.	**Dis tyd om te gaan.** [dis tajt om tə χãn.]
Tengo que irme.	**Ek moet loop.** [ɛk mut loəp.]
Ahora vuelvo.	**Ek is nounou terug.** [ɛk is næʋnæʋ teruχ.]

Es tarde.	**Dis al laat.** [dis al lãt.]
Tengo que levantarme temprano.	**Ek moet vroeg opstaan.** [ɛk mut fruχ opstãn.]
Me voy mañana.	**Ek vertrek môre.** [ɛk fertrək mɔrə.]
Nos vamos mañana.	**Ons vertrek môre.** [ɔŋs fertrek mɔrə.]

¡Que tenga un buen viaje!	**Geniet die reis!** [χenit di ræjs!]
Ha sido un placer.	**Ek het dit geniet om jou te ontmoet.** [ɛk het dit χenit om jæʋ tə ontmut.]
Fue un placer hablar con usted.	**Dit was lekker om met jou te gesels.** [dit vas lɛkkər om met jæʋ tə χesɛls.]
Gracias por todo.	**Baie dankie vir alles.** [baje danki fir alles.]

Lo he pasado muy bien.	**Ek het dit geniet.** [ɛk het dit χenit.]
Lo pasamos muy bien.	**Ons het dit baie geniet.** [ɔŋs het dit baje χenit.]
Fue genial.	**Dit was regtig oulik.** [dit vas reχtəχ æulik.]
Le voy a echar de menos.	**Ek gaan jou mis.** [ɛk χān jæʊ mis.]
Le vamos a echar de menos.	**Ons gaan jou mis.** [ɔŋs χān jæʊ mis.]

¡Suerte!	**Sukses!** [suksɛs!]
Saludos a …	**Stuur groete vir …** [stɪr χrutə fir …]

Idioma extranjero

No entiendo.	**Ek verstaan dit nie.** [ɛk ferstãn dit ni.]
Escríbalo, por favor.	**Skryf dit neer, asseblief.** [skrajf dit neər, asseblif.]
¿Habla usted ...?	**Praat u ...?** [prãt u ...?]

Hablo un poco de ...	**Ek praat 'n bietjie ...** [ɛk prãt ə biki ...]
inglés	**Engels** [ɛŋəls]
turco	**Turks** [turks]
árabe	**Arabies** [arabis]
francés	**Frans** [fraŋs]

alemán	**Duits** [dœits]
italiano	**Italiaans** [italiãŋs]
español	**Spaans** [spãŋs]
portugués	**Portugees** [portuχeəs]
chino	**Sjinees** [ʃineəs]
japonés	**Japannees** [japanneəs]

¿Puede repetirlo, por favor?	**Kan u dit herhaal asseblief** [kan u dit herhãl asseblif]
Lo entiendo.	**Ek verstaan dit.** [ɛk ferstãn dit.]
No entiendo.	**Ek verstaan dit nie.** [ɛk ferstãn dit ni.]
Hable más despacio, por favor.	**Praat bietjie stadiger asseblief.** [prãt biki stadiχər asseblif.]

¿Está bien?	**Is dit reg?** [is dit reχ?]
¿Qué es esto? (¿Que significa esto?)	**Wat is dit?** [vat is dit?]

Disculpas

Perdone, por favor.
Verskoon my, asseblief.
[ferskoən maj, asseblif.]

Lo siento.
Jammer.
[jammər.]

Lo siento mucho.
Ek is baie jammer.
[ɛk is baje jammər.]

Perdón, fue culpa mía.
Jammer, dis my skuld.
[jammər, dis maj skult.]

Culpa mía.
My skuld.
[maj skult.]

¿Puedo ...?
Mag ek ...?
[maχ ek ...?]

¿Le molesta si ...?
Sal u omgee as ek ...?
[sal u omχeə as ek ...?]

¡No hay problema! (No pasa nada.)
Dis OK.
[dis okej.]

Todo está bien.
Maak nie saak nie.
[māk ni sāk ni.]

No se preocupe.
Moet jou nie daaroor bekommer nie.
[mut jæʊ ni dāroər bekommər ni.]

Acuerdos

Sí.	**Ja.** [ja.]
Sí, claro.	**Ja, beslis.** [ja, beslis.]
Bien.	**OK. Goed!** [okej. χut!]
Muy bien.	**Uitstekend.** [œitstekent]
¡Claro que sí!	**Definitief!** [definitif!]
Estoy de acuerdo.	**Ek stem saam.** [ɛk stem sãm.]

Es verdad.	**Dis reg.** [dis reχ.]
Es correcto.	**Dis reg.** [dis reχ.]
Tiene razón.	**U is reg.** [u is reχ.]
No me molesta.	**Ek gee nie om nie.** [ɛk χeə ni om ni.]
Es completamente cierto.	**Heeltemal reg.** [heəltemal reχ.]

Es posible.	**Dis moontlik.** [dis moentlik.]
Es una buena idea.	**Dis 'n goeie idee.** [dis ə χuje ideə.]
No puedo decir que no.	**Ek kan nie nee sê nie.** [ɛk kan ni neə sɛ: ni.]
Estaré encantado /encantada/.	**Dis 'n plesier.** [dis ə plesir.]
Será un placer.	**Plesier.** [plesir.]

Rechazo. Expresar duda

No.

Nee
[neə]

Claro que no.

Beslis nie.
[beslis ni.]

No estoy de acuerdo.

Ek stem nie saam nie.
[ɛk stem ni sãm ni.]

No lo creo.

Ek glo dit nie.
[ɛk χlo dit ni.]

No es verdad.

Dis nie waar nie.
[dis ni vãr ni.]

No tiene razón.

U maak 'n fout.
[u mãk ə fæʊt.]

Creo que no tiene razón.

Ek dink u is verkeerd.
[ɛk dink u is ferkeərt.]

No estoy seguro /segura/.

Ek is nie seker nie.
[ɛk is ni sekər ni.]

No es posible.

Dis onmoontlik.
[dis onmoentlik.]

¡Nada de eso!

Glad nie!
[χlat ni!]

Justo lo contrario.

Net die teenoorgestelde!
[net di teənoərχestɛlde!]

Estoy en contra de ello.

Ek is daarteen.
[ɛk is dãrteən.]

No me importa. (Me da igual.)

Ek gee nie om nie.
[ɛk χeə ni om ni.]

No tengo ni idea.

Ek het nie 'n idee nie.
[ɛk het ni ə ideə ni.]

Dudo que sea así.

Ek betwyfel dit.
[ɛk betwajfəl dit.]

Lo siento, no puedo.

Jammer, ek kan nie.
[jammər, ɛk kan ni.]

Lo siento, no quiero.

Jammer, ek wil nie.
[jammər, ɛk vil ni.]

Gracias, pero no lo necesito.

Dankie, maar ek het dit nie nodig nie.
[danki, mãr ɛk het dit ni nodəχ ni.]

Ya es tarde.

Dit word laat.
[dit vort lãt.]

Tengo que levantarme temprano.

Ek moet vroeg opstaan.
[ɛk mut fruχ opstãn.]

Me encuentro mal.

Ek voel nie lekker nie.
[ɛk ful ni lɛkkər ni.]

Expresar gratitud

Gracias.	**Baie dankie.** [baje danki.]
Muchas gracias.	**Baie dankie.** [baje danki.]
De verdad lo aprecio.	**Ek waardeer dit.** [ɛk vārdeər dit.]
Se lo agradezco.	**Ek is u baie dankbaar.** [ɛk is u baje dankbār.]
Se lo agradecemos.	**Ons is u baie dankbaar.** [ɔŋs is u baje dankbār.]
Gracias por su tiempo.	**Baie dankie vir u tyd.** [baje danki fir u tajt.]
Gracias por todo.	**Baie dankie vir alles.** [baje danki fir alles.]
Gracias por ...	**Dankie vir ...** [danki fir ...]
su ayuda	**u hulp** [u hulp]
tan agradable momento	**vir 'n lekker tydjie** [fir ə lɛkkər tajdʒi]
una comida estupenda	**'n heerlike ete** [ə heerlikə etə]
una velada tan agradable	**'n aangename aand** [ə ānχənamə ānt]
un día maravilloso	**'n oulike dag** [ə æʊlikə daχ]
un viaje increíble	**'n wonderlike reis** [ə vondərlikə ræjs]
No hay de qué.	**Plesier.** [plesir.]
De nada.	**Plesier.** [plesir.]
Siempre a su disposición.	**Enige tyd.** [ɛniχə tajt.]
Encantado /Encantada/ de ayudarle.	**Plesier.** [plesir.]
No hay de qué.	**Plesier.** [plesir.]
No tiene importancia.	**Moet jou nie bekommer nie.** [mut jæʊ ni bekommər ni.]

Felicitaciones , Mejores Deseos

¡Felicidades!	**Geluk!** [χeluk!]
¡Feliz Cumpleaños!	**Geluk met jou verjaardag!** [χeluk met jæʊ ferjãrdaχ!]
¡Feliz Navidad!	**Geseënde Kersfees!** [χeseɛndə kersfeɛs!]
¡Feliz Año Nuevo!	**Gelukkige Nuwejaar!** [χelukkiχə nuvejãr!]

¡Felices Pascuas!	**Geseënde Paasfees!** [χeseɛndə pãsfeɛs!]
¡Feliz Hanukkah!	**Gelukkige Chanoeka!** [χelukkiχə χanuka!]

Quiero brindar.	**Ek wil graag 'n heildronk instel.** [ɛk vil χrãχ ə hæjldronk instəl.]
¡Salud!	**Gesondheid!** [χesonthæjt!]
¡Brindemos por ...!	**Laat ons drink op ...!** [lãt ɔŋs drink op ...!]
¡A nuestro éxito!	**Op jou sukses!** [op jæʊ suksɛs!]
¡A su éxito!	**Op u sukses!** [op u suksɛs!]

¡Suerte!	**Sukses!** [suksɛs!]
¡Que tenga un buen día!	**Geniet die dag!** [χenit di daχ!]
¡Que tenga unas buenas vacaciones!	**Geniet die vakansie!** [χenit di fakaŋsi!]
¡Que tenga un buen viaje!	**Veilig ry!** [fæjləχ raj!]
¡Espero que se recupere pronto!	**Ek hoop u voel gou beter!** [ɛk hoəp u ful χæʊ betər!]

Socializarse

¿Por qué está triste?	**Hoekom lyk u so droewig?** [hukom lajk u so druvɛχ?]
¡Sonría! ¡Anímese!	**Lag 'n bietjie! Wees vrolik!** [laχ ə biki! veəs frolik!]
¿Está libre esta noche?	**Is u vry vanaand?** [is u fraj fanãnt?]

¿Puedo ofrecerle algo de beber?	**Kan ek 'n drankie vir jou kry?** [kan ek ə dranki fir jæʊ kraj?]
¿Querría bailar conmigo?	**Wil u dans?** [vil u daŋs?]
Vamos a ir al cine.	**Sal ons bioskoop toe gaan?** [sal ɔŋs bioskoəp tu χãn?]

¿Puedo invitarle a ...?	**Mag ek jou uitnooi na ...?** [maχ ek jæʊ œitnoj na ...?]
un restaurante	**'n restaurant** [ə restourant]
el cine	**die bioskoop** [di bioskoəp]
el teatro	**die teater** [di teatər]
dar una vuelta	**gaan stap** [χãn stap]

¿A qué hora?	**Hoe laat?** [hu lãt?]
esta noche	**vanaand** [fanãnt]
a las seis	**om ses uur** [om ses ɪr]
a las siete	**om sewe uur** [om sevə ɪr]
a las ocho	**om agt uur** [om aχt ɪr]
a las nueve	**om nege uur** [om neχə ɪr]

¿Le gusta este lugar?	**Geniet u dit hier?** [χenit u dit hir?]
¿Está aquí con alguien?	**Is u hier saam met iemand?** [is u hir sãm met imant?]
Estoy con mi amigo /amiga/.	**Ek is met my vriend.** [ɛk is met maj frint.]

Estoy con amigos.	**Ek is met my vriende.** [ɛk is met maj frində.]
No, estoy solo /sola/.	**Nee, ek is alleen.** [neə, ek is alleən.]

¿Tienes novio?	**Het jy 'n kêrel?** [het jaj ə kærel?]
Tengo novio.	**Ek het 'n kêrel.** [ɛk het ə kærel.]
¿Tienes novia?	**Het jy 'n meisie?** [het jaj ə mæjsi?]
Tengo novia.	**Ek het 'n meisie.** [ɛk het ə mæjsi.]

¿Te puedo volver a ver?	**Kan ek jou weer sien?** [kan ek jæʊ veər sin?]
¿Te puedo llamar?	**Kan ek jou bel?** [kan ek jæʊ bel?]
Llámame.	**Bel my.** [bel maj.]
¿Cuál es tu número?	**Wat is jou nommer?** [vat is jæʊ nommər?]
Te echo de menos.	**Ek mis jou.** [ɛk mis jæʊ.]

¡Qué nombre tan bonito!	**U het 'n mooi naam.** [u het ə moj nãm.]
Te quiero.	**Ek hou van jou.** [ɛk hæʊ fan jæʊ.]
¿Te casarías conmigo?	**Wil jy met my trou?** [vil jaj met maj træʊ?]
¡Está de broma!	**U maak grappies!** [u mãk χrappis!]
Sólo estoy bromeando.	**Ek maak net 'n grappie.** [ɛk mãk net ə χrappi.]

¿En serio?	**Bedoel u dit?** [bedul u dit?]
Lo digo en serio.	**Ek is ernstig.** [ɛk is ernstəχ.]
¿De verdad?	**Regtig waar?!** [reχtəχ vãr?!]
¡Es increíble!	**Dis ongelooflik.** [dis onχeloəflik.]
No le creo.	**Ek glo jou nie.** [ɛk χlo jæʊ ni.]
No puedo.	**Ek kan nie.** [ɛk kan ni.]
No lo sé.	**Ek weet dit nie.** [ɛk veət dit ni.]
No le entiendo.	**Ek verstaan u nie.** [ɛk ferstãn u ni.]

Váyase, por favor.

Loop asseblief.
[loəp asseblif.]

¡Déjeme en paz!

Los my uit!
[los maj œit!]

Es inaguantable.

Ek kan hom nie verdra nie.
[ɛk kan hom ni ferdra ni.]

¡Es un asqueroso!

U is walglik!
[u is valχlik!]

¡Llamaré a la policía!

Ek gaan die polisie bel!
[ɛk χān di polisi bel!]

Compartir impresiones. Emociones

Me gusta.	**Ek hou daarvan.** [ɛk hæʊ dãrfan.]
Muy lindo.	**Baie mooi.** [baje moj.]
¡Es genial!	**Dis oulik!** [dis æʊlik!]
No está mal.	**Dis nie sleg nie.** [dis ni sleχ ni.]
No me gusta.	**Ek hou nie daarvan nie.** [ɛk hæʊ ni dãrfan ni.]
No está bien.	**Dis nie goed nie.** [dis ni χut ni.]
Está mal.	**Dis sleg.** [dis sleχ.]
Está muy mal.	**Dis baie sleg.** [dis baje sleχ.]
¡Qué asco!	**Dis walglik.** [dis valχlik.]
Estoy feliz.	**Ek is bly.** [ɛk is blaj.]
Estoy contento /contenta/.	**Ek is tevrede.** [ɛk is tefrede.]
Estoy enamorado /enamorada/.	**Ek is verlief.** [ɛk is ferlif.]
Estoy tranquilo.	**Ek is rustig.** [ɛk is rustəχ.]
Estoy aburrido.	**Ek verveel my.** [ɛk ferfeəl maj.]
Estoy cansado /cansada/.	**Ek is moeg.** [ɛk is muχ.]
Estoy triste.	**Ek is droewig.** [ɛk is druvəχ.]
Estoy asustado.	**Ek is bang.** [ɛk is baŋ.]
Estoy enfadado /enfadada/.	**Ek is kwaad.** [ɛk is kwãt.]
Estoy preocupado /preocupada/.	**Ek is bekommerd.** [ɛk is bekommert.]
Estoy nervioso /nerviosa/.	**Ek is senuweeagtig.** [ɛk is senuveə aχtəχ.]

Estoy celoso /celosa/.

Ek is jaloers.
[ɛk is jalurs.]

Estoy sorprendido /sorprendida/.

Dit verbaas my.
[dit ferbãs maj.]

Estoy perplejo /perpleja/.

Ek is verbouereerd.
[ɛk is ferbæʊreərt.]

Problemas, Accidentes

Tengo un problema.	**Ek het 'n probleem.** [ɛk het ə probleəm.]
Tenemos un problema.	**Ons het 'n probleem.** [ɔŋs het ə probleəm.]
Estoy perdido /perdida/.	**Ek het verdwaal.** [ɛk het ferdwāl.]
Perdí el último autobús (tren).	**Ek het die laaste bus (trein) gemis.** [ɛk het di lāstə bus (træjn) χemis.]
No me queda más dinero.	**My geld is op.** [maj χɛlt is op.]

He perdido …	**Ek het my … verloor** [ɛk het maj … ferloər]
Me han robado …	**Lemand het my … gesteel.** [lemant het maj … χesteəl.]
mi pasaporte	**paspoort** [paspoərt]
mi cartera	**beursie** [bøərsi]
mis papeles	**papiere** [papirə]
mi billete	**kaartjie** [kārki]

mi dinero	**geld** [χɛlt]
mi bolso	**handsak** [hand·sak]
mi cámara	**kamera** [kamera]
mi portátil	**skootrekenaar** [skoət·rekenãr]
mi tableta	**tablet** [tablet]
mi teléfono	**selfoon** [sɛlfoən]

¡Ayúdeme!	**Help!** [hɛlp!]
¿Qué pasó?	**Wat's fout?** [vats fæʊt?]
el incendio	**brand** [brant]

un tiroteo

daar word geskiet
[dãr vort χeskit]

el asesinato

moord
[moərt]

una explosión

ontploffing
[ontploffiŋ]

una pelea

geveg
[χefeχ]

¡Llame a la policía!

Bel die polisie!
[bel di polisi!]

¡Más rápido, por favor!

Maak gou asseblief!
[mãk χæʊ asseblif!]

Busco la comisaría.

Ek soek die polisiekantoor.
[εk suk di polisi·kantoər.]

Tengo que hacer una llamada.

Ek moet bel.
[εk mut bel.]

¿Puedo usar su teléfono?

Mag ek u telefoon gebruik?
[maχ ek u telefoən χebrœik?]

Me han ...

Ek is ...
[εk is ...]

asaltado /asaltada/

aangeval
[ãnχəfal]

robado /robada/

beroof
[beroəf]

violada

verkrag
[ferkraχ]

atacado /atacada/

aangeval
[ãnχəfal]

¿Se encuentra bien?

Gaan dit?
[χãn dit?]

¿Ha visto quien a sido?

Het u gesien wie dit was?
[het u χesin vi dit vas?]

¿Sería capaz de reconocer a la persona?

Sou u die persoon kon herken?
[sæʊ u di persoən kon herken?]

¿Está usted seguro?

Is u seker?
[is u seker?]

Por favor, cálmese.

Kom tot bedaring asseblief.
[kom tot bedariŋ asseblif.]

¡Cálmese!

Rustig!
[rustəχ!]

¡No se preocupe!

Moenie bekommerd wees nie!
[muni bekommert veəs ni!]

Todo irá bien.

Alles sal reg kom.
[alles sal reχ kom.]

Todo está bien.

Alles is reg.
[alles is reχ.]

Venga aquí, por favor.

Kom hier asseblief.
[kom hir asseblif.]

Tengo unas preguntas para usted.

Ek het 'n paar vrae vir u.
[ɛk het ə pãr fraə fir u.]

Espere un momento, por favor.

Wag 'n bietjie, asseblief.
[vaχ ə biki, asseblif.]

¿Tiene un documento de identidad?

Het u 'n identiteitskaart?
[het u ə identitæjts·kãrt?]

Gracias. Puede irse ahora.

Dankie. U kan nou loop.
[danki. u kan næʊ loəp.]

¡Manos detrás de la cabeza!

Hande agter jou kop!
[handə aχtər jæʊ kop!]

¡Está arrestado!

U is onder arres!
[u is ondər arres!]

Problemas de salud

Ayudeme, por favor.	**Help my, asseblief.** [hɛlp maj, asseblif.]
No me encuentro bien.	**Ek voel nie lekker nie.** [ɛk ful ni lɛkkər ni.]
Mi marido no se encuentra bien.	**My man voel nie lekker nie.** [maj man ful ni lɛkkər ni.]
Mi hijo …	**My seun …** [maj søən …]
Mi padre …	**My pa …** [maj pa …]
Mi mujer no se encuentra bien.	**My vrou voel nie lekker nie.** [maj fræʊ ful ni lɛkkər ni.]
Mi hija …	**My dogter …** [maj doχtər …]
Mi madre …	**My ma …** [maj ma …]
Me duele …	**Ek het …** [ɛk het …]
la cabeza	**koppyn** [koppajn]
la garganta	**keelpyn** [keəl·pajn]
el estómago	**maagpyn** [māχpajn]
un diente	**tandpyn** [tand·pajn]
Estoy mareado.	**Ek voel duiselig.** [ɛk ful dœiseləχ.]
Él tiene fiebre.	**Hy het koors.** [haj het koərs.]
Ella tiene fiebre.	**Sy het koors.** [saj het koərs.]
No puedo respirar.	**Ek kan nie goed asemhaal nie.** [ɛk kan ni χut asemhāl ni.]
Me ahogo.	**Ek is kortasem.** [ɛk is kortasem.]
Tengo asma.	**Ek is asmaties.** [ɛk is asmatis.]
Tengo diabetes.	**Ek is diabeet.** [ɛk is diabeət.]

No puedo dormir.

Ek kan nie slaap nie.
[ɛk kan ni slāp ni.]

intoxicación alimentaria

voedselvergiftiging
[fudsəl·ferχiftəχiŋ]

Me duele aquí.

Dis seer hier.
[dis seər hir.]

¡Ayúdeme!

Help!
[hɛlp!]

¡Estoy aquí!

Ek is hier!
[ɛk is hir!]

¡Estamos aquí!

Ons is hier!
[oŋs is hir!]

¡Saquenme de aquí!

Kom kry my!
[kom kraj maj!]

Necesito un médico.

Ek het 'n dokter nodig.
[ɛk het ə doktər nodəχ.]

No me puedo mover.

Ek kan nie beweeg nie.
[ɛk kan ni beveəχ ni.]

No puedo mover mis piernas.

Ek kan my bene nie beweeg nie.
[ɛk kan maj benə ni beveəχ ni.]

Tengo una herida.

Ek het 'n wond.
[ɛk het ə vont.]

¿Es grave?

Is dit ernstig?
[is dit ernstəχ?]

Mis documentos están en mi bolsillo.

My dokumente is in my sak.
[maj dokumentə is in maj sak.]

¡Cálmese!

Bedaar!
[bedãr!]

¿Puedo usar su teléfono?

Mag ek u telefoon gebruik?
[maχ ek u telefoən χebrœik?]

¡Llame a una ambulancia!

Bel 'n ambulans!
[bel ə ambulaŋs!]

¡Es urgente!

Dis dringend!
[dis driŋənd!]

¡Es una emergencia!

Dis 'n noodgeval!
[dis ə noədχefal!]

¡Más rápido, por favor!

Maak gou asseblief!
[māk χæʊ asseblif!]

¿Puede llamar a un médico, por favor?

Kan u asseblief 'n dokter bel?
[kan u asseblif ə doktər bel?]

¿Dónde está el hospital?

Waar is die hospitaal?
[vãr is di hospitāl?]

¿Cómo se siente?

Hoe voel u?
[hu ful u?]

¿Se encuentra bien?

Hoe gaan dit?
[hu χãn dit?]

¿Qué pasó?

Wat het gebeur?
[vat het χebøər?]

Me encuentro mejor.

Ek voel nou beter.
[ɛk ful næʊ betər.]

Está bien.

Dis OK.
[dis okej.]

Todo está bien.

Dit gaan goed.
[dit χãn χut.]

En la farmacia

la farmacia	**apteek** [apteǝk]
la farmacia 24 horas	**24 uur apteek** [fir-en-twintǝχ ır apteǝk]
¿Dónde está la farmacia más cercana?	**Waar is die naaste apteek?** [vār is di nāstǝ apteǝk?]

¿Está abierta ahora?	**Is hy nou oop?** [is haj næʊ oǝp?]
¿A qué hora abre?	**Hoe laat gaan hy oop?** [hu lāt χān haj oǝp?]
¿A qué hora cierra?	**Hoe laat sluit hy?** [hu lāt slœit haj?]

¿Está lejos?	**Is dit ver?** [is dit fer?]
¿Puedo llegar a pie?	**Kan ek soontoe stap?** [kan ek soentu stap?]
¿Puede mostrarme en el mapa?	**Kan u dit op die stadskaart aanwys?** [kan u dit op di statskārt ānwajs?]

Por favor, deme algo para ...	**Gee my iets vir ... asseblief** [χeǝ maj its fir ... asseblif]
un dolor de cabeza	**koppyn** [koppajn]
la tos	**hoes** [hus]
el resfriado	**verkoudheid** [ferkæʊdhæjt]
la gripe	**griep** [χrip]

la fiebre	**koors** [koǝrs]
un dolor de estomago	**maagpyn** [māχpajn]
nauseas	**naarheid** [nārhæjt]
la diarrea	**diarree** [diarreǝ]
el estreñimiento	**konstipasie** [koŋstipasi]
un dolor de espalda	**rugpyn** [ruχpajn]

un dolor de pecho	**borspyn** [borspajn]
el flato	**steek in my sy** [steək in maj saj]
un dolor abdominal	**pyn in my onderbuik** [pajn in maj ondərbœik]

la píldora	**pil** [pil]
la crema	**salf, room** [salf, roəm]
el jarabe	**stroop** [stroəp]
el spray	**sproeier** [sprujer]
las gotas	**druppels** [druppɛls]

Tiene que ir al hospital.	**U moet hospitaal toe gaan.** [u mut hospitāl tu χān.]
el seguro de salud	**siekteversekering** [siktə·fersekeriŋ]
la receta	**voorskrif** [foərskrif]
el repelente de insectos	**insekmiddel** [insek·middəl]
la curita	**kleefverband** [kleəffər·bant]

Lo más imprescindible

Perdone, …	**Verskoon my, …** [ferskoən maj, …]
Hola.	**Hallo.** [hallo.]
Gracias.	**Baie dankie.** [baje danki.]

Sí.	**Ja.** [ja.]
No.	**Nee.** [neə.]
No lo sé.	**Ek weet nie.** [ɛk veət ni.]
¿Dónde? | ¿A dónde? | ¿Cuándo?	**Waar? | Waarheen? | Wanneer?** [vãr? | vãrheən? | vanneər?]

Necesito …	**Ek het … nodig** [ɛk het … nodəχ]
Quiero …	**Ek wil …** [ɛk vil …]
¿Tiene …?	**Het u …?** [het u …?]
¿Hay … por aquí?	**Is hier 'n …?** [is hir ə …?]
¿Puedo …?	**Mag ek …?** [maχ ek …?]
…, por favor? (petición educada)	**… asseblief** [… asseblif]

Busco …	**Ek soek …** [ɛk suk …]
el servicio	**toilet** [tojlet]
un cajero automático	**OTM** [o·te·em]
una farmacia	**apteek** [apteək]
el hospital	**hospitaal** [hospitãl]

la comisaría	**polisiekantoor** [polisi·kantoər]
el metro	**moltrein** [moltræjn]

un taxi	**taxi** [taksi]
la estación de tren	**stasie** [stasi]

Me llamo …	**My naam is …** [maj nãm is …]
¿Cómo se llama?	**Wat is u naam?** [vat is u nãm?]
¿Puede ayudarme, por favor?	**Kan u my help, asseblief?** [kan u maj hɛlp, asseblif?]
Tengo un problema.	**Ek het 'n probleem.** [ɛk het ə probleəm.]
Me encuentro mal.	**Ek voel nie lekker nie.** [ɛk ful ni lɛkkər ni.]
¡Llame a una ambulancia!	**Bel 'n ambulans!** [bel ə ambulaŋs!]
¿Puedo llamar, por favor?	**Kan ek 'n oproep maak?** [kan ɛk ə oprup mãk?]

Lo siento.	**Jammer.** [jammər.]
De nada.	**Plesier.** [plesir.]

Yo	**Ek, my** [ek, maj]
tú	**jy** [jaj]
él	**hy** [haj]
ella	**sy** [saj]
ellos	**hulle** [hullə]
ellas	**hulle** [hullə]
nosotros /nosotras/	**ons** [ɔŋs]
ustedes, vosotros	**julle** [jullə]
usted	**u** [u]

ENTRADA	**INGANG** [inχaŋ]
SALIDA	**UITGANG** [œitχaŋ]
FUERA DE SERVICIO	**BUITE WERKING** [bœitə verkiŋ]
CERRADO	**GESLUIT** [χeslœit]

ABIERTO

OOP
[oəp]

PARA SEÑORAS

DAMES
[dames]

PARA CABALLEROS

MANS
[maŋs]

MINI DICCIONARIO

Esta sección contiene 250
palabras útiles necesarias
para la comunicación diaria.
Encontrará ahí los nombres
de los meses y de los días
de la semana.
El diccionario también
contiene temas relevantes
tales como colores, medidas,
familia, y más

T&P Books Publishing

CONTENIDO
DEL DICCIONARIO

1. La hora. El calendario   75
2. Números. Los numerales   76
3. El ser humano. Los familiares   77
4. El cuerpo. La anatomía humana   78
5. La ropa. Accesorios personales   79
6. La casa. El apartamento   80

T&P Books Publishing

tiempo (m)	tyd	[tajt]
hora (f)	uur	[ɪr]
media hora (f)	n halfuur	[n halfɪr]
minuto (m)	minuut	[minɪt]
segundo (m)	sekonde	[sekondə]

hoy (adv)	vandag	[fandaχ]
mañana (adv)	môre	[mɔrə]
ayer (adv)	gister	[χistər]

lunes (m)	Maandag	[mãndaχ]
martes (m)	Dinsdag	[dinsdaχ]
miércoles (m)	Woensdag	[voɛŋsdaχ]
jueves (m)	Donderdag	[dondərdaχ]
viernes (m)	Vrydag	[frajdaχ]
sábado (m)	Saterdag	[satərdaχ]
domingo (m)	Sondag	[sondaχ]

día (m)	dag	[daχ]
día (m) de trabajo	werksdag	[verks·daχ]
día (m) de fiesta	openbare vakansiedag	[openbarə fakaŋsi·daχ]
fin (m) de semana	naweek	[naveək]

semana (f)	week	[veək]
semana (f) pasada	laas week	[lãs veək]
semana (f) que viene	volgende week	[folχendə veək]

por la mañana	soggens	[soχɛŋs]
por la tarde	in die namiddag	[in di namiddaχ]

por la noche	saans	[sãŋs]
esta noche (p.ej. 8:00 p.m.)	vanaand	[fanãnt]

por la noche	snags	[snaχs]
medianoche (f)	middernag	[middərnaχ]

enero (m)	Januarie	[januari]
febrero (m)	Februarie	[februari]
marzo (m)	Maart	[mãrt]
abril (m)	April	[april]
mayo (m)	Mei	[mæj]
junio (m)	Junie	[juni]
julio (m)	Julie	[juli]
agosto (m)	Augustus	[ɔuχustus]

septiembre (m)	**September**	[septembər]
octubre (m)	**Oktober**	[oktobər]
noviembre (m)	**November**	[nofembər]
diciembre (m)	**Desember**	[desembər]
en primavera	**in die lente**	[in di lentə]
en verano	**in die somer**	[in di somər]
en otoño	**in die herfs**	[in di herfs]
en invierno	**in die winter**	[in di vintər]
mes (m)	**maand**	[mānt]
estación (f)	**seisoen**	[sæjsun]
año (m)	**jaar**	[jār]

2. Números. Los numerales

cero	**nul**	[nul]
uno	**een**	[eən]
dos	**twee**	[tweə]
tres	**drie**	[dri]
cuatro	**vier**	[fir]
cinco	**vyf**	[fajf]
seis	**ses**	[ses]
siete	**sewe**	[sevə]
ocho	**ag**	[aχ]
nueve	**nege**	[neχə]
diez	**tien**	[tin]
once	**elf**	[ɛlf]
doce	**twaalf**	[twālf]
trece	**dertien**	[dertin]
catorce	**veertien**	[feərtin]
quince	**vyftien**	[fajftin]
dieciséis	**sestien**	[sestin]
diecisiete	**sewetien**	[sevətin]
dieciocho	**agtien**	[aχtin]
diecinueve	**negetien**	[neχetin]
veinte	**twintig**	[twintəχ]
treinta	**dertig**	[dertəχ]
cuarenta	**veertig**	[feərtəχ]
cincuenta	**vyftig**	[fajftəχ]
sesenta	**sestig**	[sestəχ]
setenta	**sewentig**	[seventəχ]
ochenta	**tagtig**	[taχtəχ]
noventa	**negentig**	[neχentəχ]
cien	**honderd**	[hondərt]

doscientos	**tweehonderd**	[twee·hondərt]
trescientos	**driehonderd**	[dri·hondərt]
cuatrocientos	**vierhonderd**	[fir·hondərt]
quinientos	**vyfhonderd**	[fajf·hondərt]
seiscientos	**seshonderd**	[ses·hondərt]
setecientos	**sewehonderd**	[seve·hondərt]
ochocientos	**aghonderd**	[aχ·hondərt]
novecientos	**negehonderd**	[neχə·hondərt]
mil	**duisend**	[dœisent]
diez mil	**tienduisend**	[tin·dœisent]
cien mil	**honderdduisend**	[hondərt·dajsent]
millón (m)	**miljoen**	[miljun]
mil millones	**miljard**	[miljart]

3. El ser humano. Los familiares

hombre (m) (varón)	**man**	[man]
joven (m)	**jongman**	[joŋman]
mujer (f)	**vrou**	[fræʊ]
muchacha (f)	**meisie**	[mæjsi]
anciano (m)	**ou man**	[æʊ man]
anciana (f)	**ou vrou**	[æʊ fræʊ]
madre (f)	**moeder**	[mudər]
padre (m)	**vader**	[fadər]
hijo (m)	**seun**	[søən]
hija (f)	**dogter**	[doχtər]
hermano (m)	**broer**	[brur]
hermana (f)	**suster**	[sustər]
padres (pl)	**ouers**	[æʊers]
niño -a (m, f)	**kind**	[kint]
niños (pl)	**kinders**	[kindərs]
madrastra (f)	**stiefma**	[stifma]
padrastro (m)	**stiefpa**	[stifpa]
abuela (f)	**ouma**	[æʊma]
abuelo (m)	**oupa**	[æʊpa]
nieto (m)	**kleinseun**	[klæjn·søən]
nieta (f)	**kleindogter**	[klæjn·doχtər]
nietos (pl)	**kleinkinders**	[klæjn·kindərs]
tío (m)	**oom**	[oəm]
tía (f)	**tante**	[tantə]
sobrino (m)	**neef**	[neəf]
sobrina (f)	**nig**	[niχ]
mujer (f)	**vrou**	[fræʊ]

marido (m)	man	[man]
casado (adj)	getroud	[χetræʊt]
casada (adj)	getroud	[χetræʊt]
viuda (f)	weduwee	[veduveə]
viudo (m)	wedunaar	[vedunãr]

| nombre (m) | voornaam | [foərnãm] |
| apellido (m) | van | [fan] |

pariente (m)	familielid	[famililit]
amigo (m)	vriend	[frint]
amistad (f)	vriendskap	[frindskap]

compañero (m)	maat	[mãt]
superior (m)	baas	[bãs]
colega (m, f)	kollega	[kolleχa]
vecinos (pl)	bure	[burə]

4. El cuerpo. La anatomía humana

cuerpo (m)	liggaam	[liχχãm]
corazón (m)	hart	[hart]
sangre (f)	bloed	[blut]
cerebro (m)	brein	[bræjn]

hueso (m)	been	[beən]
columna (f) vertebral	ruggraat	[ruχ·χrãt]
costilla (f)	rib	[rip]
pulmones (m pl)	longe	[loŋə]
piel (f)	vel	[fəl]

cabeza (f)	kop	[kop]
cara (f)	gesig	[χesəχ]
nariz (f)	neus	[nøəs]
frente (f)	voorhoof	[foərhoəf]
mejilla (f)	wang	[vaŋ]

boca (f)	mond	[mont]
lengua (f)	tong	[toŋ]
diente (m)	tand	[tant]
labios (m pl)	lippe	[lippə]
mentón (m)	ken	[ken]

oreja (f)	oor	[oər]
cuello (m)	nek	[nek]
ojo (m)	oog	[oəχ]
pupila (f)	pupil	[pupil]
ceja (f)	wenkbrou	[vɛnk·bræʊ]
pestaña (f)	ooghaar	[oəχ·hãr]
pelo, cabello (m)	haar	[hãr]

peinado (m)	kapsel	[kapsəl]
bigote (m)	snor	[snor]
barba (f)	baard	[bãrt]
tener (~ la barba)	dra	[dra]
calvo (adj)	kaal	[kãl]

mano (f)	hand	[hant]
brazo (m)	arm	[arm]
dedo (m)	vinger	[fiŋər]
uña (f)	nael	[naəl]
palma (f)	palm	[palm]

hombro (m)	skouer	[skæʊər]
pierna (f)	been	[beən]
rodilla (f)	knie	[kni]
talón (m)	hakskeen	[hak·skeən]
espalda (f)	rug	[ruχ]

5. La ropa. Accesorios personales

ropa (f)	klere	[klerə]
abrigo (m)	jas	[jas]
abrigo (m) de piel	pelsjas	[pelʃas]
cazadora (f)	baadjie	[bãdʒi]
impermeable (m)	reënjas	[reɛnjas]

camisa (f)	hemp	[hemp]
pantalones (m pl)	broek	[bruk]
chaqueta (f), saco (m)	baadjie	[bãdʒi]
traje (m)	pak	[pak]

vestido (m)	rok	[rok]
falda (f)	romp	[romp]
camiseta (f) (T-shirt)	T-hemp	[te-hemp]
bata (f) de baño	badjas	[batjas]
pijama (m)	pajama	[pajama]
ropa (f) de trabajo	werksklere	[verks·klerə]

ropa (f) interior	onderklere	[ondərklerə]
calcetines (m pl)	sokkies	[sokkis]
sostén (m)	bra	[bra]
pantimedias (f pl)	kousbroek	[kæʊsbruk]
medias (f pl)	kouse	[kæʊsə]
traje (m) de baño	baaikostuum	[bãj·kostɪm]

gorro (m)	hoed	[hut]
calzado (m)	skoeisel	[skuisəl]
botas (f pl) altas	laarse	[lãrsə]
tacón (m)	hak	[hak]
cordón (m)	skoenveter	[skun·fetər]

betún (m)	skoenpolitoer	[skun·politur]
guantes (m pl)	handskoene	[handskunə]
manoplas (f pl)	duimhandskoene	[dœim·handskunə]
bufanda (f)	serp	[serp]
gafas (f pl)	bril	[bril]
paraguas (m)	sambreel	[sambreəl]
corbata (f)	das	[das]
moquero (m)	sakdoek	[sakduk]
peine (m)	kam	[kam]
cepillo (m) de pelo	haarborsel	[hār·borsəl]
hebilla (f)	gespe	[xespə]
cinturón (m)	belt	[bɛlt]
bolso (m)	beursie	[bøərsi]

6. La casa. El apartamento

apartamento (m)	woonstel	[voəŋstəl]
habitación (f)	kamer	[kamər]
dormitorio (m)	slaapkamer	[slāp·kamər]
comedor (m)	eetkamer	[eət·kamər]
salón (m)	sitkamer	[sit·kamər]
despacho (m)	studeerkamer	[studeər·kamər]
antecámara (f)	ingangsportaal	[inxaŋs·portāl]
cuarto (m) de baño	badkamer	[bad·kamər]
servicio (m)	toilet	[tojlet]
aspirador (m), aspiradora (f)	stofsuier	[stof·sœiər]
fregona (f)	mop	[mop]
trapo (m)	stoflap	[stoflap]
escoba (f)	kort besem	[kort besem]
cogedor (m)	skoppie	[skoppi]
muebles (m pl)	meubels	[møəbɛls]
mesa (f)	tafel	[tafel]
silla (f)	stoel	[stul]
sillón (m)	gemakstoel	[xemak·stul]
espejo (m)	spieël	[spiɛl]
tapiz (m)	mat	[mat]
chimenea (f)	vuurherd	[fɪr·hert]
cortinas (f pl)	gordyne	[xordajnə]
lámpara (f) de mesa	tafellamp	[tafel·lamp]
lámpara (f) de araña	kroonlugter	[kroən·luxtər]
cocina (f)	kombuis	[kombœis]
cocina (f) de gas	gasstoof	[xas·stoəf]
cocina (f) eléctrica	elektriese stoof	[elektrisə stoəf]

horno (m) microondas	mikrogolfoond	[mikroχolf·oent]
frigorífico (m)	yskas	[ajs·kas]
congelador (m)	vrieskas	[friskas]
lavavajillas (m)	skottelgoedwasser	[skottɛlχud·wassər]
grifo (m)	kraan	[krãn]

picadora (f) de carne	vleismeul	[flæjs·møəl]
exprimidor (m)	versapper	[fersappər]
tostador (m)	broodrooster	[broəd·roəstər]
batidora (f)	menger	[meŋər]

cafetera (f) (aparato de cocina)	koffiemasjien	[koffi·maʃin]
hervidor (m) de agua	fluitketel	[flœit·ketəl]
tetera (f)	teepot	[teə·pot]

televisor (m)	TV-stel	[te·fe-stəl]
vídeo (m)	videomasjien	[video·maʃin]
plancha (f)	strykyster	[strajk·ajstər]
teléfono (m)	telefoon	[telefoən]